AF347342

RECVEIL

DE DIVERS
EDICTS DV ROY,
ET AVTRES PIECES
TOVCHANT
LES DVELS
ET RENCONTRES.

A PARIS,

Par les Imprimeurs & Libraires Ordinaires du
Roy.

M. DC. LIII.

Auec Priuilege de ſa Maieſté.

Table du contenu en ce Recueil.

IVgement de Messieurs les Mareschaux de France, sur la declaration faicte par plusieurs Gentilshommes, de refuser toutes sortes d'appels. *fol. 1*

La Resolution de Messieurs les Prelats sur cette matiere. *3*

L'Aduis des Docteurs en Theologie de la Faculté de Paris sur le mesme suict. *9*

Entraict du Concile de Trente sur le mesme suiet. *10*

Declaration publique & protestation solemnelle de plusieurs Gentilshommes de refuser toutes sortes d'appels. *11*

Edict du Roy contre les Duels & Rencontres verifié en Parlement le 7. Septembre 1651.

Declaration du Roy contre les Duels verifiée en Parlement le 29. Iuillet 1653.

Reglement de Messieurs les Mareschaux de France touchant les reparations des offenses entre les Gentils-hommes, pour l'execution de l'Edict contre les Duels.

Edict du Roy HENRY IV. sur la prohibition

A ij

& punition des querelles & duels, verifié en Parlement le 26. Iuin 1609.

IVGEMENT DE MESSIEVRS
les Mareschaux de France , sur la Declaration faicte par plusieurs Gentilshommes , de refuser toutes sortes d'appels.

LES MARESCHAVX
DE FRANCE.

SVR ce que plusieurs Gentilshommes tres - connus , tant par les
marques illustres de leurs Mai-
sons, que par celles qu'ils ont don-
nées de leur courage , en diuerses
occasions, nous ont representé, qu'ils souhai-
teroient auec passion de contribuer tout ce qui
peut dépendre d'eux, pour l'execution des Edits
du Roy contre le pernicieux vsage des Duëls,
introduit & inueteré en France, au grand pre-
iudice de la Religion Chrestienne & du bien de
cét Estat : Qu'à cette fin ils auroient sous-signé
vn Escrit, contenant vne Declaration publique,
& protestation solemnelle de refuser toutes sor-

tes d'appels, & de ne se battre iamais en duël pour quelque cause que ce soit ; & de rendre toute sorte de tesmoignage de la detestation qu'ils font du duël, comme chose tout à fait contraire à la raison, au bien & aux Loix de l'Estat, & incompatible auec le salut & la Religion Chrestienne ; sans pourtant renoncer au droit de repousser, par toutes voyes legitimes, les iniures qui leur seroient faites, autant que leur profession & leur naissance les y oblige, estans aussi tousiours prests de leur part, d'esclaircir de bonne foy, ceux qui croiroyent auoir lieu de ressentiment contr'eux, & de n'en donner sujet à personne. VEV & examiné ledit escrit, & apres les auoir entendus sur cette matiere,

NOVS AVONS approuué & approuuons le contenu dans ledit Escrit : le declarons conforme aux Edits du Roy & aux loix de l'honneur, comme il l'est à celles de la vraye Religion : Exhortons tous les Gentilshommes de ce Royaume d'y souscrire & de l'obseruer en tous ses poincts: Comme aussi les sous signez audit Escrit, & tous ceux qui voudront y souscrire & remedier au desordre des duëls, de conferer & aduiser ensemble sur les satisfactions qu'il croiroient pouuoir raisonnablement tenir lieu de celles qu'on espere par le duël : pour en dresser memoires, & les mettre incessamment entre les mains de nôtre Secretaire de la Mareschaussée de France,

afin que les ayant veuës & examinées , nous
puiſſions en faire rapport à ſa Majeſté , pour
eſtre, ſi elle juge à propos, confirmées par vn
nouuel Edict ou Declaration, à l'aduantage de
la Religion & du bien de ſon Eſtat. FAIT à
Paris le premier Iuillet mil ſix cens cinquante
& vn. Signé, Par Meſſieurs les Mareſchaux de
France.   Et plus bas , Quillet.

LA RESOLVTION DE MESSIEVRS
les Prelats ſur cette matiere.

NOvs deſirans ſatisfaire à l'obligation
que le ſaint Eſprit nous a impoſée de re-
gir l'Egliſe de Dieu, de pouruoir charitable-
ment aux neceſſitez du prochain , & de procurer le ſalut des ames, autant qu'il nous ſera
poſſible: Apres auoir veu la Declaration faite
par pluſieurs Gentils-hommes de refuſer toute ſorte d'appels, & de ne ſe iamais battre
en duël pour quelque cauſe que ce puiſſe
eſtre , & en ſuite le iugement rendu par Meſ-
ſieur les Mareſchaux de France ſur la d. Declaration ; Auons iugé à propos d'approuuer la
genereuſe & Chreſtienne conduite des vns &
des autres touchant ladite Declaration & ledit
Iugement, & de fulminer en meſme temps de
nouueaux anathemes contre l'inſolence & la

barbarie des duëls. La nature en a de l'horreur, la raiſon les condamne, les Loix ciuiles & celles de l'Egliſe deteſtent ces noires fureurs, & le Ciel eſt armé de ſes plus rigoureuſes vengeances pour punir des crimes ſi monſtrueux.

Ce ſont ces cruels excez qui cauſent en meſme temps le deshonneur des Loix, l'opprobre de la nature humaine, l'iniure de la Religion, la honte du Chriſtianiſme, l'affoibliſſement de l'eſtat, le ſcandale des peuples, la colere du Ciel, & la perte des ames.

N'eſtce pas eſteindre les ſentimens de l'humanité, & ſe deſpoüiller des lumieres de la raiſon, de vouloir deſtruire ſon ſemblable, & s'expoſer ſoy-meſme au danger de ſe perdre, pour venger vne paſſion farouche qui ſemble imiter la fureur des Tygres, ou pour eſtablir vn point d'honneur imaginaire, qui fait vne diſcipline ſanguinaire & cruelle de l'homicide, qui donne des regles au meurtre; & déguiſe l'aſſaſſinat en methodes & en meſure, pour ſeduire bien ſouuent les plus laſches eſprits & les plus foibles courages.

Quæſt. 2. 4. conſuliſtis ante med. Le Decret du Pape Eſtienne deffend la mauuaiſe couſtume de prouuer ſon innocence, par l'eau boüillante & par le fer chaud, & ſaint Thomas iuge fort à propos, que c'eſt en meſme temps condamner les duëls : En effet, quelle apparence de commettre au ſort des armes,

ſa

ſa reputation , ſa vie , ſon eternité ; puiſ-
que meſme bien ſouuent il arriue par vn
iuſte iugement de Dieu , que le plus adroit &
le moins timide , tombe ſous le bras du plus
foible.

Que les Princes donc & les Magiſtrats , ar-
ment leur authorité d'vne nouuelle vigueur
pour noircir d'infamie ces Gladiateurs , qui au
meſpris du Chriſtianiſme ſemblent vouloir
faire reuiure le Paganiſme & l'Idolatrie : Vous
diriez que nous reſpirons encore l'haleine con-
tagieuſe de ces ſiecles malheureux , dans leſ-
quels on ſacrifioit aux Idoles le ſang & la vie
des humains. O Princes ! ô Iuges ! ô Grands
de la terre : qui eſtes les Arbitres de la fortune
des hommes , ſi par les Loix ciuiles vous de-
uez procurer que les pauures ſoient ſecourus
des alimens qui leur ſont neceſſaires ; quel
compte aurez-vous à rendre deuant Dieu , ſi
vous ne trauaillez comme vous le pouuez , à
tarir les ſources de ſang , qui au langage de l'Eſ-
criture ſont celles de tous les crimes ?

L'vſage du ſang eſtoit expreſſément defendu
chez les Hebreux pour deux raiſons principa-
les ; la premiere , pour abolir l'Idolatrie, & la ſe-
conde , pour condamner la cruauté : Dieu ſeul
doit eſtre le maiſtre de la vie des hommes,
& le ſang des animaux deuoit eſtre reſerué
dans les ſacrifices pour reconnoiſtre le ſouue-

L'Idole de
Moloch.
Leuit. 18.
v. 11.
Princeps
debet ope-
ram dare
ne deſint
alimenta
pauperi-
bus.
L. priuile-
gia cap. de
Iſaya 56.
v. 2 *&*
cap. 1.
Geneſ. 1.
v. 4.
Leuit. 3.
v. 16. *&*
*c.*17 . *v.* 11.
Act. 13.
v. 21.
Nec exer-
cebuntur
vltra ad
prælium.
Iſaie. cap.
2. *v.* 4.
Gen. 2.
v. 0.
Iob. 14.
v. 12.

rain domaine de Dieu , & racheter la vie des hommes pecheurs par l'effufion du fang des victimes : Mais fous les loix de l'Euangile, le Prophete Ifaye nous predit que les combats, les guerres & le carnage doiuent ceffer. Sous la paix de l Eglife , & fous l'Empire du Meffie,qui eft le vray Salomon pacifique, ce fang ne doit eftre verfé que pour la gloire de Dieu, & le fouftien du Thrône pour accroiftre les couron-nes de la Religion & celle de l'Eftat, pour les auantages de la Foy , & pour les interefts de noftre legitime Monarque. Ce fang, que l'in-folence des duëlliftes , & le filence des Iuges refpand indignement, demande vne autre ven-geance, qui doit donner de la terreur à ceux qui ont quelque fentiment de la crainte de Dieu. La voix du fang qui fe refpand fur la ter-re , porte fa clameur iufques dans le Ciel, & encore dauantage la voix du fang du Fils de Dieu, qui crie bien mieux que celle d'Abel, comme l'explique fainct Gregoire.

Si donc le fpectacle d'vn Dieu mourant a fait impreffion fur nos cœurs, & fi l'image de fon cruel martyre n'eft point effacée de nos memoires ; condamnons pour iamais les duëls, ayans horreur de ces deteftables pratiques,qui font facrifier aux demons vn fang precieux, qui doit eftre mefnagé pour le feruice d'vn Dieu , lequel par vn excez d'amour qui n'a rien de pareil, a prodigué le fien pour efteindre nos crimes & nos ingratitudes : Et en mefme temps leuons les mains au Ciel pour attirer les benedictions de Dieu fur cette illuftre Nobleffe, qui a renoncé fi Chreftiennement à ces fauffes maximes, pour embraffer auec Religion parfaite celle de l'Euangile. Affeurez-vous, Meffieurs, que cette loüable reputation que vous avez acquife, digne de la grandeur de vos courages, ne perdra rien de fon luftre par vn efcrit fi genereux, qu'eft celuy que vous auez figné pour renoncer aux duels. Voftre honneur eft dans les mains de Dieu, qui en fera vn fidel depofitaire, puifque vous eftes fidels aux interefts de fa gloire. Nous efperons que noftre grand Roy, dont les qualitéz merueilleufes ont fait dés fa premiere ieuneffe l'admiratió de tous les peuples, va confacrer les premieres années de fa Maiorité, & donner vn nouuel éclat à fa Couronne par l'eftime qu'il fera de vos vertus. Nous fommes affeuréz que Dieu benira fes Armes & fes Confeils, quand il choifira des perfonnes comme vous pour leur donner des emplois honorables : la capacité des Miniftres des Roys eft toufiours affez grande, quand la probité s'y rencontre. La principale piece des confeils & du cabinet, c'eft la fidelité, & ceux là font toufiours fidels à leurs Princes qui font fidels à Dieu.

C'eſt l'approbation que nous ſommes obli-
gez de donner à voſtre conduite : c'eſt le témoi-
gnage public de l'eſtime & du reſpeᵭ que nous
auons pour le iugement rendu par Meſſieurs
les Mareſchaux de France. Ce ſont les vœux &
les ſouhaits que nous voulons continuer d'offrir
aux Autels, pour obtenir vne gloire immortelle
à tous ceux qui trauaillent pour deſtourner les
fleaux de Dieu qui nous menacent, ſi nous ne
trauaillons puiſſamment pour abolir les crimes,
& pour empeſcher les duëls. Donné à Paris le
28. Aouſt 1651.

*I. F. Archeueſque de Paris, I. F. P. Coadiuteur de
Paris, H. de Sauoye Archeueſque Duc de Rheims, F.
Eueſque d'Amiens, S. Eueſque de Soiſſons, L. Eueſque
de Riez, G. Eueſque d'Eureux, A. Eueſque de Gra-
ce & Vence, P. Eueſque de Toulon, P. Eueſque d'A-
vranches, H. Eueſque du Puy & Comte de Vellay,
I. Eueſque de Lauaur, C. Eueſque de Couſtance, Ed.
Eueſque de Bayeux, C. Eueſque d'Aire, I. Eueſque de
Clermont, H. Eueſque de Leon, F. Eueſque de Glan-
deue, D. Eueſque de Meaux, P. Eueſque de Peri-
gueux, I. Eueſque de Maſcon, F. Eueſque de Chaa-
lons, Ant. ancien Eueſque de Dol.*

L'Aduis

L'ADVIS DES DOCTEVRS EN THEOLOGIE
de la Faculté de Paris, sur le mesme suiet.

LES Docteurs sous-signez sont d'aduis, que tous ceux qui recourent au Sacrement de la Penitence, & ne sont à l'esgard des duels en la disposition exprimée en la Declaration & protestation publique, qu'ont faite plusieurs Gentilshommes de ne se battre iamais en duel pour quelque cause que ce puisse estre, sont incapables du benefice de l'absolution, & de tous les Sacremens de l'Eglise, & que ceux qui s'estans battus en duel meurent sur le lieu, quoy que l'Eglise par vne Indulgence tres-charitable, permette de les absoudre de l'excommunication & pechez qu'ils ont encourus, quand ils sont sincerement & veritablement repentans, neantmoins elle les priue de la sepulture Ecclesiastique; & elle declare infames & excommuniez, & donne son eternelle malediction à tous ceux qui concourent auec eux, ou qui donnent conseil d'en receuoir les appels, & à ceux mesme, qui sont spectateurs des combats. Deliberé à Paris le 10. iour d'Aoust 1631.

L. Messier, C. Hentior, I. Pereyrer, I. Charton,
C. Morel, F. Hallier, N. Cornet, I. Cocqueret, A. de

C

*Breda, V. de Flauigny, L. Bail, V. Amior, A. le Moi-
ne, P. Cocquerel, F. L. Caion, P. Roullé, P. Betille, N. le
Maiftre, N. Porcher, F. Heroe, Fr. I. Quenifot, V.
Thirel, N. Mapure, I. de Sainte beuue, C. de Bour-
lon, D. Guyart. I. Peaucellier, L. de Lifle Marinaux,
M. Benoift, H. du Hamel, Iean Chaillou, C. Mallet,
I. Seguier, I. Banneret, P. Martin, I. Henault, M. Tal-
lendier, I. Defgardies de Parlage, I. Dorat, M. Feydeau,
R. le Pere, M. Queras, M. d'Auberde, F. Bernard
Guyard, I. Gaudin, R. Nugent, P. Regnier, Fr. M.
Hermand, E. Lagault, Fr. M. Cantilhac, Fr. C. The-
bault, F. Camus, Fr. I. Gaultier.*

VOICY COMME PARLE LE

*fainct Concile de Trente fur le mefmè fuiet des
Duëls, Sefsion vingt-cinquiefme de Reforma-
tione. Chapitre 19.*

L'VSAGE deteftable des Duëls qui a efté
introduit par l'artifice du Demon pour
perdre les ames apres auoir donné cruelle-
ment la mort aux corps, doit eftre entiere-
ment aboly parmy les Chreftiens. *Et apres il
dit,* Nous excommunions des à prefent, & fans
autre forme de procez, tous Empereurs, tous
Roys, Ducs, Princes, Marquis, Comtes, &
autres Seigneurs temporels à quelque tiltre
que ce foit, qui auront affigné & accordé quelque lieu pour le Duël entre les Chreftiens.

En suite il adiouste; Pour ceux qui se seront
battus, & les autres vulgairement nommez
leurs parrains il encourent la peine de l'excommunication, de la proscription de tous leurs
biens, & passent desormais pour gens infames, & soient traittez auec la mesme seuerité
que les sacrez Canons traittent les homicides,
& s'il arriue qu'ils soient tuez dans le combat
ils seront pour iamais priuez de la sepulture
en terre saincte. Nous ordonnons en outre
que non seulement ceux qui auront approuué ou donné conseil de se battre ou qui y
auront induit & porté quelqu'vn en quelque
maniere que ce soit, mais encores ceux qui
y auront assisté en qualité de spectateurs soient
excommuniez, & frappez d'anatheme perpe-
tuel, sans auoir esgard, & à aucun priuilege ou
mauuaise coustume introduite, quoy que de
temps immemorial.

DECLARATION PVBLIQVE, ET
*Protestation solemnelle de plusieurs Gentilshommes
de refuser toutes sortes d'appels, & de ne se battre iamais en duël pour quelque cause que ce puisse
estre.*

LEs sous-signez font le present écrit, Declaration publique & protestation solemnelle, de refuser toutes sortes d'appels, & de ne

se battre iamais en duel pour quelque cause que ce puisse estre, & de rendre toute sorte de tesmoignage de la detestation qu'ils ont du duel, comme d'vne chose tout à fait contraire à la raison, au bien & aux Loix de l'Estat, & incompatible auec le salut & la Religion Chrestienne, sans pourtant renoncer au droit de repousser par toutes voyes legitimes, les iniures qui leur seroient faites, autant que leur profession & leur naissance les y oblige, estans aussi tousiours prests de leur part d'esclaircir de bonne foy, ceux qui croyroient auoir lieu de ressentiment contr'eux, & de n'en donner suiet à personne.

Les noms des Gentilshommes qui ont signè, se voyent dans l'original de la Declaration, sur laquelle Messieurs les Mareschaux de France, ont rendu leur iugement le 1. Iuillet 1651.